Ruedas, alas
y agua

Motocicletas

Heather Miller

Traducción de Patricia Cano

Heinemann Library
Chicago, Illinois

Customer Service 888-454-2279
Visit our website at www.heinemannlibrary.com

Designed by Sue Emerson, Heinemann Library; Page layout by Que-Net Media
Printed and bound in the United States by Lake Book Manufacturing, Inc.
Photo research by Amor Montes De Oca

07 06 05 04 03
10 9 8 7 6 5 4 3 2 1

Library of Congress Cataloging-in-Publication Data
Miller, Heather.
  [Motorcycles. Spanish]
  Motocicletas/Heather Miller; traducción de Patricia Cano
    p. cm. — (Ruedas, alas y agua)
Includes index.
Contents: What are motorcycles? – What do motorcycles look like? – What are motorcycles made of? – How did motorcycles look long ago? – What is a scooter? – What is a touring motorcycle? – What is an ATV? – What is a dirt bike? – What are some special motorcycles? – Quiz – picture glossary.
  ISBN 1-4034-0918-8 (HC), 1-4034-3534-0 (Pbk.)
  1. Motorcycles—Juvenile literature. [1. Motorcycles. 2. Spanish language materials.] I. Title. II. Series.
  TL440.15.M5518 2003
  629.227'5—dc21

                                           2002192167

Acknowledgments
The author and publishers are grateful to the following for permission to reproduce copyright material:
p. 4 Jane Faircloth/Transparencies, Inc.; pp. 5, 14 P. Treanor/TRIP; p. 6 Aaron Stevenson/Transparencies, Inc.; p. 7 J. Okwesa/TRIP; p. 8 Frank A. Cara/Bruce Coleman, Inc.; p. 9 Allsport Concepts/Getty Images; pp. 10, 11 Motorcycle Hall of Fame; p. 12 Jeff Greenberg/Visuals Unlimited; p. 13 Stephen Kline/Bruce Coleman, Inc.; p. 15L Doug Mazell/Index Stock; pp. 15R, 22, 24 Taxi/Getty Images; pp. 16, 17 Igna Spence/Visuals Unlimited; p. 18 Bruce Gaylord/Visuals Unlimited; p. 19 S. K. Patrick/Visuals Unlimited; p. 20 Images Internationals/Visuals Unlimited; p. 21 John D. Cunningham/Visuals Unlimited; p. 23 row 1 (L-R) P. Treanor/TRIP, J. Okwesa/TRIP, Doug Mazell/Index Stock; row 2 (L-R) Bruce Gaylord/Visuals Unlimited, P. Treanor/TRIP, Taxi/Getty Images; row 3 (L-R) Aaron Stevenson/Transparencies, Inc., Philip Gould/Corbis, Jane Faircloth/Transparencies, Inc.; row 4 Allsport Concepts/Getty Images; back cover (L-R) P. Treanor/TRIP, Jeff Greenberg/Visuals Unlimited

Cover photograph by DiMaggio/Kalish/Corbis

Special thanks to our bilingual advisory panel for their help in the preparation of this book:

Anita R. Constantino
Reading Specialist
Irving Independent School District
Irving, TX

Aurora Colón García
Literacy Specialist
Northside Independent School District
San Antonio, TX

Argentina Palacios
Docent
Bronx Zoo
New York, NY

Leah Radinsky
Bilingual Teacher
Inter-American Magnet School
Chicago, IL

Ursula Sexton
Researcher, WestEd
San Ramon, CA

Unas palabras están en negrita, **así.**
Las encontrarás en el glosario en fotos de la página 23.

Contenido

¿Qué son las motocicletas?. 4

¿Cómo son las motocicletas?. 6

¿De qué son las motocicletas?. 8

¿Cómo eran hace tiempo? 10

¿Qué es una escúter?. 12

¿Qué es una moto de turismo? . . . 14

¿Qué es una ATV?. 16

¿Qué es una moto de montaña? . . 18

¿Qué motocicletas especiales hay? . 20

Prueba 22

Glosario en fotos 23

Nota a padres y maestros. 24

Respuesta de la prueba 24

Índice 24

¿Qué son las motocicletas?

Las motocicletas son **vehículos** de **motor** y ruedas.

Llevan personas o cosas.

| palanca de freno | manubrio |

Los motociclistas conducen la moto con el **manubrio**.

Aprietan con la mano la **palanca de freno** para parar.

¿Cómo son las motocicletas?

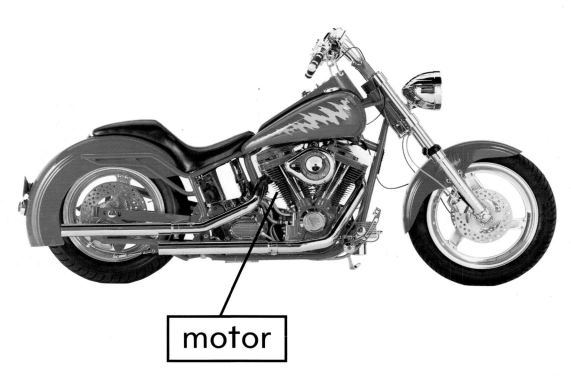

motor

Las motocicletas parecen bicicletas con **motor**.

El motor está debajo del asiento.

tanque de gasolina

rayos

Los motocicletas tienen un **tanque de gasolina**.

Las ruedas tienen rayos largos.

¿De qué son las motocicletas?

cromo

Las motocicletas tienen piezas de metal.

Las partes brillantes son de un metal que se llama cromo.

guardabarros

Unas motocicletas tienen piezas
de plástico.

Los **guardabarros** de esta moto
son de plástico.

¿Cómo eran hace tiempo?

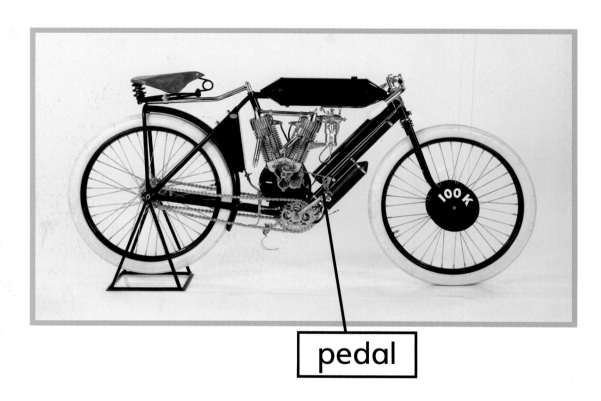

pedal

Las primeras motocicletas parecían bicicletas.

Unas tenían **pedales**.

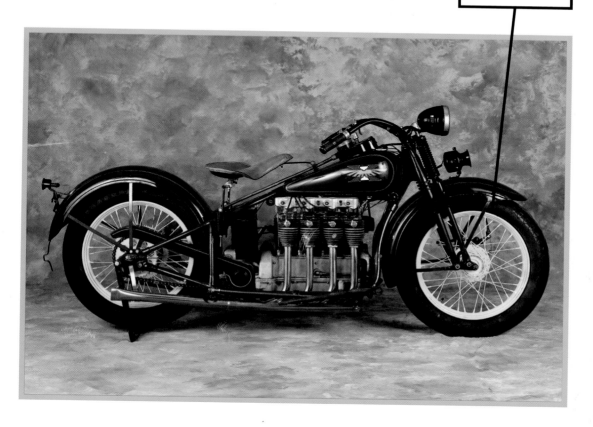

llanta

Después se hicieron motocicletas más rápidas.

Tenían un **motor** más grande y llantas anchas de caucho.

¿Qué es una escúter?

Una escúter es una motocicleta pequeña.

No va muy rápido.

Las escúters se usan mucho
en las ciudades llenas de gente.

También se usan por diversión.

¿Qué es una moto de turismo?

Una moto de turismo es grande.

Está hecha para viajes largos.

Tiene **maleteros** para llevar cosas.

A veces tiene un **sidecar** para llevar pasajeros.

¿Qué es una ATV?

Una ATV es un **vehículo** de todo terreno.

Eso quiere decir que puede andar en cualquier clase de terreno.

Las ATV andan en arena y en barro.

Se usan para hacer carreras o
para trabajar.

¿Qué es una moto de montaña?

Una moto de montaña es una moto para **caminos de tierra**.

Puede subir montañas.

Las motos de montaña son
más livianas que las que vemos
en la calle.

Se puede hacer piruetas con ellas.

¿Qué motocicletas especiales hay?

La moto de carreras es muy rápida.

Tiene un **motor** grande.

Hay motocicletas muy pequeñas.

Las vemos en desfiles.

Prueba

¿Sabes qué motocicleta es ésta?

¡Búscala en el libro!

Busca la respuesta en la página 24.

Glosario en fotos

palanca de freno
página 5

tanque de gasolina
página 7

maletero
página 15

camino de tierra
página 18

manubrio
página 5

sidecar
página 15

motor
páginas 4, 6, 11, 20

pedal
página 10

vehículo
páginas 4, 16

guardabarros
página 9

Nota a padres y maestros

Leer para buscar información es un aspecto importante del desarrollo de la lectoescritura. El aprendizaje empieza con una pregunta. Si usted alienta a los niños a hacerse preguntas sobre el mundo que los rodea, los ayudará a verse como investigadores. Cada capítulo de este libro empieza con una pregunta. Lean la pregunta juntos, miren las fotos y traten de contestar la pregunta. Después, lean y comprueben si sus predicciones son correctas. Piensen en otras preguntas sobre el tema y comenten dónde pueden buscar la respuesta. El símbolo de vehículo en el glosario en fotos es una motocicleta. Explique que un vehículo es algo que lleva personas o cosas de un lugar a otro. Unos vehículos, como los carros, tienen motores; otros no tienen.

Índice

ATV 16–17

cromo 8

escúter 12–13

maleteros 15

manubrio 5

moto de carreras 20

moto de montaña . . 18–19

moto de turismo . . . 14–15

motor. 4, 6, 11, 20

palanca de freno 5

pedales. 10

sidecar 15

ruedas 4, 7

tanque de gasolina. 7

Respuesta de la página 22

Es una moto de turismo.